Blessures d'enfance, relations toxiques

Mon chemin vers la liberté

Édition : BoD · Books on Demand,
31 avenue Saint-Rémy, 57600 Forbach,
bod@bod.fr

Impression : Libri Plureos GmbH,
Friedensallee 273, 22763 Hamburg
(Allemagne)

ISBN : 978-2-3225-5671-7

Dépôt légal : Mars 2025

Avec la collaboration de Murielle Neveux,
Mémoire et portrait
memoireetportrait.com

Marie Maju

Blessures d'enfance, relations toxiques

Mon chemin vers la liberté

En préambule

Je m'appelle Marie, j'ai trente-sept ans. Ma vie est un patchwork d'expériences, de rencontres et d'émotions qui ont façonné mon parcours jusqu'à aujourd'hui. Au fil des ans, j'ai vu naître mes rêves.

Ce livre est le témoignage de ma vie, de mes joies et de mes peines. Mon passé est jalonné d'épreuves, mais malgré tout, je trouve le bonheur dans le présent. À travers les difficultés, j'ai découvert qu'une force insoupçonnée résidait en moi et que j'avais la capacité de transformer les obstacles en opportunités de croissance.

Je souhaite vous emmener à travers les méandres de ma vie, partager avec vous mes moments de bonheur et les défis que j'ai surmontés. Car au-delà des péripéties qui ont ponctué mon parcours, j'ai appris que chaque épreuve est une occasion de grandir, de s'adapter et de se réinventer.

Ma nature réservée ne se dévoile pas facilement, car j'ai appris à protéger mes sentiments. Cependant, au fil des années, j'ai progressé dans l'art de l'ouverture et de la communication, ayant compris que partager ses expériences pouvait être libérateur.

Je me lance dans l'écriture de ce récit de vie avec une certaine appréhension. Je ne suis pas une écrivaine dans l'âme, et il m'est difficile de coucher des mots sur papier, surtout lorsqu'il s'agit d'écrire sur moi, d'une manière que j'aimerais être la plus objective possible.

Un jour, quelqu'un m'a posé une question qui m'a profondément marquée :

« Comment pensez-vous que les gens vous voient ? »

Ma réponse a surpris mon interlocutrice, car elle différait de l'image que je renvoyais à l'extérieur. Depuis, cette question me hante. Elle me porte à réfléchir à la manière dont les autres me perçoivent et à la congruence entre leur perception et celle que j'ai de moi-même. De ce fait, je suis résolue à être authentique avec les lecteurs qui prendront le temps de parcourir ces lignes.

C'est avec sincérité et humilité que je vous invite à plonger dans mon récit. J'ai l'espoir qu'il puisse vous inspirer et vous apporter du réconfort et du soutien si vous traversez des épreuves similaires aux miennes, même si ces épreuves vous semblent insurmontables.

I
LES OMBRES DE MON ENFANCE

Je suis née le 30 avril 1987 au sein d'une famille recomposée complexe. Ma mère avait alors un fils de son précédent mariage, tandis que mon père avait une fille et un fils de sa précédente union. Avec l'arrivée de ma petite sœur, nous formions une famille élargie où les liens du sang se mêlaient aux liens du cœur.

Dès mon plus jeune âge, j'ai été entourée de mes demi-frères et sœurs, car mes parents en avaient la garde. Malgré cette présence constante, mes souvenirs d'enfance sont étrangement flous, comme si les événements se dissimulaient derrière un voile opaque. Je me trouve confrontée à une lacune dans ma mémoire, et chaque tentative pour raviver ces souvenirs semble échouer.

Pourtant, même dans ces souvenirs, une

émotion persiste : la solitude. Je me rappelle avoir souvent ressenti un profond sentiment de solitude, comme si j'étais seule au monde, même au milieu de ma famille. Chez nous, les conflits et tensions conjugales empoisonnaient l'atmosphère, laissant peu de place à la joie et à l'harmonie. Aussi, malgré la présence physique de ma famille, je me retrouvais souvent seule, cherchant désespérément un refuge contre les tourments intérieurs qui m'assaillaient. Les premières années de ma vie ont donc été marquées par un sentiment d'isolement mêlé de tristesse, qui a insidieusement façonné ma manière de penser et de percevoir le monde qui m'entourait.

Mes parents, unis par un amour passionné, semblaient inséparables malgré les épreuves de la vie. Leur lien était si fort qu'on ne pouvait les imaginer l'un sans l'autre, même dans les moments de tourmente. Or, ces moments étaient nombreux et les disputes fréquentes ponctuaient notre quotidien familial.

Je perçois mes parents comme des individus intrinsèquement bons, dotés de courage et d'un grand cœur. Cependant, ils étaient souvent submergés par leurs problèmes personnels, et si aveuglés par leurs préoccupations qu'ils ne remarquaient pas ma présence et ma détresse.

Ma mère, femme dévouée, n'hésitait pas à accueillir chez nous des personnes âgées en tant que famille d'accueil. Son amour pour ces personnes était palpable, et notre maison était toujours animée par la présence de ces invités. Elle s'occupait de ses enfants en faisant de son mieux, mais je ne me souviens pas de moments de complicité ou de tendresse avec elle : pas de jeux, pas de balades, ni de petits câlins après l'école ou le soir. Avec mon père, c'était pareil. Il a toujours existé une distance entre mes parents et moi.

Mon père exerçait le métier exigeant de surveillant de prison. Ce travail, source de tension et de stress, semblait avoir peu à peu envahi sa vie. Je me souviens qu'il en était fier, mais qu'en même temps son métier était une charge émotionnelle lourde à porter. Je pense que c'est à cette époque qu'il a commencé à recourir à l'alcool comme échappatoire. Cette dépendance a exacerbé les tensions au sein de notre foyer, alimentant les disputes entre mes parents et ajoutant un poids supplémentaire à notre vie tumultueuse. Il arrivait que mon père rentre ivre du travail. Plusieurs fois, il a perdu son permis de conduire. Pas très pratique avec une famille à charge… De ce fait, mes parents ont eu beaucoup de problèmes d'argent, et je me souviens qu'au menu, les pâtes revenaient souvent.

Ma mère a pris en charge mon grand-père paternel lorsqu'il est tombé malade. Je garde un souvenir très net du premier jour où je l'ai vu. Il devait venir me chercher à l'école, et tout au long de la journée, j'ai imaginé un vieil homme aux cheveux gris, avec un ventre proéminent, un peu comme le Père Noël. Quelle déception lorsque je l'ai aperçu, maigre et affaibli par la maladie ! Son apparence physique contrastait tellement avec l'image que je m'étais faite de lui ! Pourtant, malgré son état de santé qui l'empêchait de communiquer verbalement, je crois qu'il a pu percevoir en moi ce que personne d'autre ne voyait.

J'étais très jeune, âgée de huit ans, quand il est mort d'un cancer généralisé. Je me rappelle encore le cadenas accroché à sa porte, symbole de la fin d'une vie et de ma profonde tristesse face à cette perte. Son décès m'a beaucoup marquée. C'était la première fois que j'étais directement confrontée avec la mort, et je ne peux m'empêcher de penser que peut-être, ma vocation professionnelle n'est pas le fruit du hasard.

En ce qui concerne mes frères et sœurs, chacun d'eux porte un passé difficile, et c'était souvent une compétition implicite pour voir qui ferait les plus grosses bêtises, tant dans l'enfance qu'à l'âge adulte. Je comprends aujourd'hui que nous avons tous nos démons et nos souffrances. Loin de moi l'idée de les juger, car je suis bien consciente de mes propres imperfections. La douleur les a empêchés de faire mieux, et je reconnais qu'ils ont vécu de dures épreuves.

À l'époque, j'étais tiraillée entre ces liens familiaux fragiles. Je pensais pouvoir compter sur ma fratrie et mes parents mais aujourd'hui, je sais que ce n'était qu'une illusion, inutile de me mentir à moi-même. Je comprends leur détresse à tous, née de leurs expériences vécues, mais cela n'excuse pas tout. J'ai l'impression que mes parents ont passé leur temps à réparer les erreurs de mes frères et sœurs qui accumulaient les incartades – fugues, larcins divers et variés - essayant de maintenir un semblant d'équilibre dans notre famille chaotique.

Avec le recul, je me rends compte que je n'ai jamais été très présente pour ma petite sœur, ce que je regrette profondément. Lorsque j'ai enfin eu la capacité émotionnelle de m'améliorer, j'ai tenté, parfois maladroitement, de rattraper le temps perdu. J'espère qu'elle sait combien je l'aime et combien je suis désolée de ne pas avoir veillé sur elle comme j'aurais dû.

Elle avait besoin de moi. Les années passant, les langues se sont déliées et nous pouvons nous comprendre un peu mieux ; malheureusement, le temps passé loin l'une de l'autre ne pourra pas se rattraper.

À l'époque, personne n'a perçu mon mal-être et ce que je vivais. Les deux personnes qui m'ont agressée sexuellement étaient dans mon entourage. L'une d'elles évoluait dans mon environnement immédiat, et ses actes se sont produits à deux ou trois reprises je crois. L'autre était le fils d'un ami de mes parents ; il vivait dans une autre ville, et ses abus se sont répétés. Il m'est difficile de me rappeler le nombre exact de fois où ils se sont produits car tous ces souvenirs sont vagues et très flous. Je devais avoir entre quatre et huit ans, mais je me posais déjà beaucoup de questions. Est-ce que les deux personnes qui me faisaient du mal étaient complices ? Aujourd'hui, je crois que non. Est-ce que ce qu'ils me faisaient était normal ? Maintenant, je sais que non. Est-ce que mes parents savaient ? À présent, je pense que non. Est-ce que cela a conditionné ma vie ? Je dirais que oui. Je me suis souvent demandé si quelqu'un était au courant de ce qui se passait, ou si une personne avait au moins eu des doutes. Aujourd'hui, je pense que je n'ai pas été la seule à subir ces abus.

Alors que j'essaie de me souvenir et de combler ces trous dans ma mémoire, je ne peux que constater que la tâche est insurmontable. Malgré mes efforts, rien ne veut émerger. Je me demande alors si cette quête de souvenirs est réellement une solution. Ces lacunes sont peut-être là pour une raison, pour me protéger d'une douleur encore plus profonde. Ce dont je me souviens est déjà bien douloureux sur le plan psychologique : suis-je prête à affronter ce qui pourrait se cacher dans les zones d'ombre de ma mémoire ?

Ces expériences traumatisantes, dont je n'ai jamais parlé à personne (sauf, bien plus tard, à mon conjoint et à ma petite sœur), ont profondément conditionné ma vie. Elles ont laissé en moi des marques indélébiles, se manifestant à travers mon mal-être, mon manque de confiance en moi, ma timidité et mon impulsivité. Ces traits de personnalité sont devenus des compagnons fidèles, qui me suivent dans chaque recoin de ma vie quotidienne.

Ces traumatismes ont également affecté ma perception de l'intimité et instillé en moi un désir ardent d'être aimée, peu importe par qui. Dès mon plus jeune âge, j'ai ressenti un vide émotionnel que je cherchais désespérément à combler. Ce besoin d'affection et de validation m'a souvent poussée à chercher refuge dans les bras de personnes plus âgées, auprès de qui j'espérais trouver un réconfort que je n'avais jamais ressenti ailleurs.

Dans ma quête pour échapper à la réalité douloureuse qui était la mienne, j'ai souvent pris des chemins risqués et imprudents. Ces rencontres de personnes plus mûres ont été pour moi une échappatoire, un moyen de fuir la solitude et le poids de mes souffrances. Mais aujourd'hui, avec le recul, je comprends que ces relations n'ont fait qu'ajouter à ma vulnérabilité et à ma détresse émotionnelle, plutôt qu'elles ne les ont apaisées.

C'est ainsi qu'à seulement onze ou douze ans, j'ai cru éprouver des sentiments pour mon premier petit ami, bien plus âgé que moi. Malgré les mensonges et les tromperies, malgré le creux béant au plus profond de mon être, je me suis accrochée à cette illusion d'amour. Cette relation malsaine s'est enracinée dans ma vie ; elle est devenue un asile fragile où je me suis réfugiée pour échapper à la douleur qui m'habitait.

Alors que j'étais au collège, j'ai traversé une période sombre où j'ai ressenti un vide immense au fond de moi, un sentiment insupportable que je voulais à tout prix effacer. De désespoir, voulant mettre un terme à cette douleur invivable, j'ai fait une tentative de suicide. Par chance, j'ai survécu, et en voyant la détresse et la peine que j'avais infligées à mes parents, j'ai juré de ne jamais recommencer. Cet événement m'a fait comprendre que mes pensées étaient plus tournées vers le bien-être de mes proches que vers le mien. Je n'étais pas consciente de mes besoins et de ma valeur. Tout ce qui comptait pour moi, c'était de soulager la souffrance de ceux qui m'entouraient, au détriment même de ma propre vie.

À l'âge de quinze ans, alors que je commençais le lycée, j'ai pris la décision de vivre avec lui. Ce choix, motivé par un désir insatiable de trouver un semblant de stabilité et d'affection, semblait être la réponse à mes prières. Pourtant, je savais au fond de moi que ce n'était pas la bonne décision. Ce déménagement n'a fait qu'accentuer le vide et l'isolement que je ressentais déjà. Au lieu d'atteindre le bonheur et la sécurité que je recherchais, je me suis retrouvée prisonnière d'une relation toxique, et étouffée par le poids de mes propres illusions.

Je me souviens d'une autre épreuve douloureuse lorsque j'étais au lycée et que je vivais chez mon copain. J'ai dû subir en urgence une opération pour un kyste sur l'ovaire. La situation était difficile à gérer seule, et j'espérais qu'il serait à mes côtés pour me soutenir, mais au lieu de cela, il a préféré passer le week-end à faire la fête avec ses amis. Son attitude m'a beaucoup déçue et profondément marquée. Il me laissait seule une fois de plus, abandonnée et honteuse de mon choix de vie. Cette nouvelle blessure a ravivé mon sentiment de solitude.

Par chance, j'ai fini par prendre conscience de la toxicité de cette relation et j'ai eu le courage de le quitter, à l'âge de dix-huit ans. Mais en réalité, cette rupture ne sonnait que le début de mon combat contre mes démons intérieurs. Comme je vous l'ai dit, mon histoire est jalonnée d'une série de défis et de luttes intérieures incessantes pour retrouver le bonheur et la paix intérieure.

II
DES RENCONTRES TOXIQUES

J'aborde à présent une période de ma vie où je me suis retrouvée enchaînée à des relations amoureuses qui, au lieu d'apporter de la lumière dans mon existence, ont engendré les ténèbres. Ces relations étaient fondées sur un amour étouffant et toxique ; les moments de bonheur étaient éphémères et les conflits émotionnels, persistants.

À l'âge de dix-huit ans, j'ai fait une rencontre qui a profondément marqué ma vie. Nous nous sommes croisés chez des amis. Tous deux du même âge, nous avons rapidement tissé un lien spécial. Sans le réaliser alors, nous avions un point commun : nous étions l'un et l'autre tourmentés par nos démons intérieurs. Cependant, nos réactions face à cette souffrance étaient diamétralement opposées. Tandis que je cherchais refuge dans le soutien aux autres pour oublier mes propres douleurs, lui se perdait dans l'autodestruction, tentant de fuir ses démons.

Notre relation s'est étendue sur environ un an et demi, durant lequel nous avons partagé une petite maison à la campagne. Bien que nos journées soient souvent égayées de fêtes, où l'alcool coulait à flots, une sombre réalité se cachait derrière cette façade de gaieté : il se consumait lentement. Parfois, il disparaissait pendant plusieurs jours sans laisser de nouvelles, ce qui occasionnait de nombreuses disputes. Je me suis efforcée de comprendre ce qui n'allait pas en lui, sans succès, jusqu'au jour où il s'est décidé à me confier les agressions sexuelles qu'il avait subies dans son enfance.

À ce moment-là, je ne mesurais pas encore l'ampleur de l'engagement que ces paroles représenteraient pour moi.

Quelques semaines plus tard, la gendarmerie l'a contacté pour témoigner, car plusieurs victimes du même agresseur avaient déposé plainte pour des faits similaires. Cette confrontation avec son passé a été un déclencheur dévastateur, multipliant ses tentatives de suicide par divers moyens.

Je me suis refusée à l'abandonner. J'ai été là, essayant de le soutenir, l'accompagnant vers des professionnels de santé compétents, et appelant les secours à chaque tentative de suicide. Aveuglée par mon désir de le sauver, j'ai oublié de prendre soin de moi-même.

Avec le recul, je réalise que j'avais sous-estimé l'impact de ses problèmes sur ma propre vie. Mon insouciance et mon manque d'expérience m'ont conduite à me sacrifier, croyant que mon soutien pourrait le changer. Mais certains démons sont trop puissants pour être combattus seul.

J'ai cessé d'être sa petite amie pour devenir sa mère de substitution. J'assistais à ses rendez-vous médicaux, lui apportais ses affaires à l'hôpital et passais même des nuits à ses côtés. Ma vie tournait autour de son bien-être et j'oubliais complètement de prendre soin de moi.

Je me souviens clairement de ce jour où il a insisté pour adopter un chien. J'étais réticente, sachant que je lui consacrais déjà tout mon temps. Mais comme un enfant capricieux, il a eu le dernier mot et a ramené un chien à la maison. Cela signifiait que j'avais maintenant un autre être vivant à prendre en charge, surtout lorsqu'il se retrouvait hospitalisé. Cependant, ce chien, malgré mes premières réserves, est devenu une source de réconfort inattendue dans mes moments les plus sombres.

Lors d'une permission de sortie médicalement autorisée, nous avons rendu visite à sa famille. Là, il a rencontré une autre fille, et à partir de ce moment, il a semblé oublier tous mes efforts pour l'aider. La douleur de cette trahison a été insupportable. Notre rupture a été actée. Au moins, elle m'a permis de m'éloigner de cette relation toxique, et en fin de compte, elle a été libératrice.

Pour ajouter à cette tourmente émotionnelle, j'ai pris la décision de lui laisser le chien. Au départ, je n'avais pas souhaité cet animal, mais m'en séparer a été déchirant. Ma vie était devenue si compliquée que prendre soin d'un animal de compagnie était devenu trop difficile. Aujourd'hui, je peine même à me souvenir de son nom, un symbole de la distance que j'ai mise entre cette période de ma vie et le présent.

Quelques mois plus tard, j'ai été convoquée comme témoin devant la cour d'assises car il avait porté plainte contre son agresseur. Témoigner au tribunal, seule face à tous, même dans le huis clos, fut terriblement éprouvant. J'ai dû répondre à des questions précises sur les sévices qu'il avait subis, ainsi que sur tous les aspects de notre relation, notre intimité, ses addictions, ses multiples hospitalisations, et les nuits blanches passées à essayer de le raisonner pour éviter qu'il ne se donne la mort. Jusqu'à la raison de notre séparation, chaque aspect de notre relation a été scruté. Son agresseur a été condamné.

Quelques années plus tard, après avoir reconstruit ma vie, j'ai appris par hasard qu'il s'était suicidé, laissant derrière lui son enfant.

Cette expérience a exacerbé ma fragilité et mon manque de confiance en moi. Malgré mes efforts pour reconstruire ma vie, je suis restée vulnérable aux mauvaises rencontres, accrochée à des relations délétères dans l'espoir vain de combler un vide intérieur.

À l'âge de vingt ans, j'ai dû retourner vivre chez mes parents, qui, à cause de difficultés financières, avaient été contraints de déménager. Nos relations étaient distantes et compliquées. Nous avions du mal à nous comprendre, et je me sentais loin d'être leur priorité. À défaut d'une chambre disponible, mon père m'a aménagé un espace dans une petite caravane rangée dans le garage. Bien que cet endroit soit exigu et peu confortable, il me permettait de conserver une certaine indépendance. Débrouillarde et autonome financièrement grâce à mon travail d'aide-soignante, je pensais que cette situation ne serait que temporaire, d'autant que je ne voulais pas être un fardeau pour mes parents.

Étrangement, je ressentais une profonde tristesse et une grande solitude, des sentiments qui semblaient remonter aussi loin que mes premiers souvenirs. Mon âme était empreinte de romantisme et je croyais fermement que l'amour véritable pourrait me sauver. Hélas, j'avais été privée de l'enseignement essentiel de m'aimer pour qui j'étais vraiment. Mes expériences avaient déformé ma perception du monde et de moi-même, créant une distorsion qui continuait d'altérer ma vision de la réalité.

C'est dans cet état de vulnérabilité que j'ai rencontré cette personne, qui semblait d'abord répondre à mes attentes et à mes idéaux romantiques. Pourtant, au fil du temps, il est devenu évident que cette relation était toxique, gouvernée par la manipulation, la jalousie et les conflits incessants. Les moments de bonheur étaient rares et fugaces, noyés dans un océan de peur et d'incertitude.

Sombre période, dominée par cette relation amoureuse destructrice… La passion enivrante a rapidement cédé la place à la violence psychologique et physique.

Notre relation a débuté de manière fulgurante, presque précipitée. En un rien de temps, nous sommes devenus inséparables, et j'ai ignoré les signes avant-coureurs de ce qui allait suivre. À sa demande pressante, moi-même désireuse de fuir mon foyer familial tendu, nous avons emménagé ensemble quelques semaines seulement après notre rencontre. C'est alors que la violence psychologique a commencé : il s'est mis à m'insulter sans relâche et à m'accuser de le tromper. Malgré mes tentatives de le rassurer et de lui prouver ma fidélité, il a progressivement sapé ma confiance en moi, me rabaissant à chaque occasion.

Chaque situation, même la plus anodine, devenait un prétexte pour déclencher un conflit. Sa stratégie semblait être de me faire culpabiliser et de me garder sous son contrôle. La violence psychologique a rapidement été suivie de violences physiques. Les premières bousculades et les coups ont laissé des marques. Je trouvais des excuses, cherchant à minimiser la gravité de la situation.

Je me souviens de ce jour, mon anniversaire, où une dispute banale a éclaté après un dîner au restaurant. Il m'a refusé l'accès à la chambre, me forçant à passer la nuit par terre dans la cuisine. J'étais perdue, ne sachant où aller ni à qui demander de l'aide. Sa colère incontrôlable et ses menaces de mort me plongeaient dans un état de terreur constant.

Un autre jour, irrité par mon absence, il a

taillé mes vêtements avec un couteau.

Jusque-là, malgré la peur et la souffrance qui m'envahissaient, je me sentais piégée, incapable de trouver une issue à cette situation destructrice. Cependant, cet épisode a marqué le début d'une transformation. Il m'a ouvert les yeux sur ma valeur et ma force intérieure, amorçant ainsi un long chemin vers la guérison et la résilience. Après cet événement, j'ai pris la décision d'en parler à mes parents. Ayant besoin de soutien, je me suis aussi tournée vers une association d'aide aux victimes ; malheureusement, l'équipe n'avait pas de créneau disponible pour m'accueillir et échanger. Déterminée à agir, j'ai décidé de porter plainte. Les gendarmes ont pris ma déposition et photographié mes vêtements troués, ainsi que les marques laissées par les coups sur mon corps et mon visage.

Malgré ces progrès, il me restait du chemin à parcourir… Contrainte de prendre quelques jours d'arrêt de travail en raison de mes douleurs physiques et psychologiques, je me suis retrouvée seule avec lui dans mon appartement. Après de longues excuses, il a réussi à me convaincre de rester avec lui. Mais, après quelques jours d'accalmie, le cercle vicieux a repris de plus belle. Il s'est mis à me reprocher d'avoir porté plainte à la gendarmerie, alimentant ainsi une nouvelle vague de conflits et de violences. J'ai fini par aller retirer ma plainte, quand, après de multiples menaces, il m'a fracturé la main. Je me suis retrouvée seule, en arrêt de travail pendant quatre semaines à cause du plâtre. J'étais terrifiée. Jusqu'où irait-il ? Je me sentais détruite, déboussolée, et la peur ne me quittait pas.

Mes collègues se doutaient certainement de ce que je vivais. Ils m'ont vue avec des hématomes et mes arrêts de travail ont dû les alerter : je m'arrêtais quand j'étais blessée ou quand mes marques, aux yeux ou aux oreilles, étaient impossibles à cacher. Je n'étais pas fière de ma situation, j'en avais même honte, alors je ne me suis jamais ouverte à eux. Et de leur côté, ils n'ont pas cherché à en savoir plus… À cette époque, le sujet des violences conjugales était encore un peu tabou, on ne savait comment aborder ces situations délicates…

Après un an de souffrances physiques et mentales, un an de trop à ses côtés, j'ai enfin trouvé la force de prendre la décision de le quitter pour de bon. Un jour, une fois de plus, sans crier gare, il s'est mis à me crier dessus, à m'insulter et à se défouler sur moi alors que nous venions de passer une après-midi tranquille en compagnie de ma mère. Je ne pouvais plus supporter ses réactions aussi violentes qu'imprévisibles. Ce jour-là, pour la première fois, j'ai riposté, malgré la douleur. Dans mon esprit, une seule pensée résonnait :

« Je vais le tuer. »

C'est à ce moment-là que j'ai réalisé : c'était lui ou moi.

C'est avec un mélange de peur et de détermination que j'ai préparé mon départ. J'ai d'abord contacté ma grande sœur, en qui j'avais encore confiance. Je lui ai expliqué ce que je vivais depuis des mois et lui ai annoncé ma décision de partir sans attendre. Je l'ai prévenue que je retournais vivre chez nos parents, et que si je n'étais pas chez eux le soir même, c'est qu'il m'était arrivé un malheur. La crainte de ce qu'il pouvait me faire me rongeait, et je tenais à mettre ma sœur au courant.

Le matin de mon départ, j'ai agi avec précaution. Discrètement, j'ai préparé des sacs que j'ai cachés dans différents endroits de la maison : sous les meubles, sous le matelas, partout où je pouvais les dissimuler. Ensuite, j'ai préparé le déjeuner. Nous avons mangé ensemble, comme si de rien n'était. Dès qu'il est parti au travail, j'ai saisi l'occasion : je me suis dépêchée de charger ma voiture et je suis partie.

Quand je suis arrivée chez mes parents, mon

père était au travail. Ma mère, surprise de me voir, m'a accueillie sans poser de questions. Je lui ai brièvement exposé la situation, mais je ne suis pas sûre qu'elle ait saisi la gravité de ce que je vivais.

Ce soir-là, j'ai dormi dans la chambre de ma petite sœur pendant que ma mère barricadait les portes. En pleine nuit, il est venu, hurlant sur le parking pour que je revienne. J'ai entendu ma mère lui parler calmement par la fenêtre, lui disant : « On verra ça demain. »

Cette tentative de désamorcer sa colère a porté ses fruits, car il a fini par s'en aller.

Cependant, certaines choses restaient à régler : mes meubles étaient chez lui et il avait emprunté la voiture de mes parents, que mon père lui avait prêtée. Heureusement, mon père a pu la récupérer quelques jours plus tard. Quant à mes meubles, je les ai récupérés lorsque j'ai trouvé un autre logement. Vivre chez mes parents ne pouvait être qu'une solution temporaire ; il m'était impossible de rester avec eux à long terme. Trouver un nouvel appartement était une étape cruciale vers mon indépendance, me permettant de prendre du recul et de retrouver un certain sentiment de stabilité.

Notre histoire était cependant loin d'être terminée. Le harcèlement qui a suivi fut une épreuve difficile. Pendant plusieurs mois, je me suis sentie constamment surveillée. Sa présence se manifestait par des appels, des messages, des coups à ma porte, des apparitions soudaines à la sortie de mon travail, des fleurs devant ma porte, des rencontres fortuites en ville…

Il a même réussi à établir un lien avec un ancien copain à moi. J'ai dû prendre des précautions drastiques, limitant mes sorties au strict nécessaire, principalement pour me rendre au travail. Pendant toute cette période, j'ai ressenti une très grande anxiété. Chaque sonnerie de téléphone, chaque bruit à la porte pouvait être le signe d'une nouvelle intrusion dans ma vie privée.

Un soir, alors que je terminais tard mon service à l'hôpital, et que la nuit enveloppait le parking, je me suis dirigée vers ma voiture, un peu lasse et soulagée d'avoir enfin terminé ma journée de travail. Mais mon soulagement fut de courte durée. Il était là. Je l'ai vu, dans l'ombre du parking, dans un état second, l'air désespéré et vulnérable. Il avait les traits tirés par la drogue, un mélange de cannabis et de cocaïne auquel il s'adonnait parfois. J'ai tout de suite senti qu'il fallait que je le calme, que je le raisonne, pour éviter qu'il ne s'énerve davantage. Il pleurait, répétant qu'il m'aimait, qu'il voulait que je revienne. Tout en faisant mine de l'écouter, je n'avais qu'une idée en tête : m'échapper de ce parking avant que quelqu'un ne le voie ainsi. J'ai réussi à monter dans ma voiture, mais à peine ai-je démarré qu'il a reculé avec la sienne, percutant violemment la portière de ma petite 106 adorée, la déformant sous le choc. Il m'a suivie jusqu'à mon domicile. Nous nous sommes retrouvés sur le parking devant chez moi. Je ne désirais qu'une chose, me reposer après une journée éreintante. Je voulais qu'il parte, qu'il me laisse tranquille, mais il ne m'a laissé aucun répit. Il m'a bloquée dans un coin, un couteau à la main. La peur m'a saisie. Dans l'obscurité, sous la pluie battante, je me suis vue mourir.

De nouveau, j'ai tenté de le raisonner, de le calmer, de lui donner un peu d'espoir pour qu'il me laisse rentrer chez moi. Chaque mot, chaque geste était un pari risqué. Mais je devais garder mon sang-froid, trouver la force de le convaincre de partir, même si au fond de moi, je ne savais pas si j'y arriverais.

Il a réussi à pénétrer chez moi, franchissant toutes les barrières, toutes les défenses que j'avais érigées. Il m'a plaquée sur le lit, son visage déformé par la colère, son couteau pointé sous ma gorge, menaçant de me transpercer à tout moment. La peur m'a envahie, m'a paralysée. Je me souviens de chaque sensation ressentie pendant ce moment qui m'a traumatisée. Malgré la terreur qui me tétanisait, j'ai gardé mon calme. Je lui ai parlé. Puis, enfin, après un temps qui m'a semblé une éternité, il a accepté de partir. Je ne sais plus quels mots j'ai employés pour le convaincre de s'en aller : étaient-ce des paroles raisonnables, des supplications, un mélange des deux ? Tout ce dont je me souviens, c'est le soulagement qui m'a envahie lorsque j'ai entendu la porte se refermer derrière lui.

Je suis longtemps restée sous son emprise. Ses excuses et ses déclarations d'amour ont longtemps eu un effet sur moi, me poussant parfois à vouloir le croire, et malgré tout ce qu'il me faisait subir, une part de moi espérait qu'il pourrait changer. Je me demande aujourd'hui si je souffrais du syndrome de Stockholm, qui fait que la victime développe des sentiments positifs, voire un attachement, envers son agresseur. Je me surprenais à lui chercher des excuses pour son comportement. J'avais tendance à minimiser ses actes de violence une fois que les traces sur mon corps avaient disparu ; je me focalisais sur nos moments heureux en oubliant volontairement la souffrance qu'il m'infligeait.

Cependant, après cette intrusion traumatisante à mon domicile, j'ai tenu bon. Malgré la tristesse, la solitude et l'envie de céder à ses paroles, j'ai su ce jour-là, au fond de moi, qu'il n'y aurait jamais de retour en arrière. Je ne voulais pas retomber dans ce cycle de violence et ma décision était définitive. Cependant, il gardait une forte emprise émotionnelle sur moi, et il a fallu que je me batte pour retrouver ma force intérieure et me libérer complètement de lui. Chaque jour était un défi, le chemin était difficile, mais je savais qu'il fallait que je tienne si je voulais retrouver ma liberté et reconstruire ma vie.

Malgré le retrait de ma plainte, les circonstances graves entourant son comportement ont conduit à sa convocation au tribunal. Confronté à ses actes, il a écopé d'une peine avec sursis, d'une amende et d'une interdiction de m'approcher. Avec le recul, je regrette d'avoir retiré ma plainte. Cet acte m'aurait permis d'être reconnue en tant que victime. Au lieu de cela, j'ai éprouvé un sentiment d'incomplétude et d'abandon. Je précise que je n'ai jamais été contactée par la justice ni informée de ce verdict : c'est lui qui me l'a appris, un jour où, cherchant une fois de plus à me récupérer, il m'a dit :

« Tu vois que je t'aime, je pourrais aller en prison car je n'ai pas le droit de t'approcher, mais je prends le risque. »

Après cette expérience douloureuse et traumatisante, je me suis promis de ne plus jamais laisser quelqu'un contrôler ma vie. J'ai appris à redécouvrir ma valeur et à me protéger des personnes toxiques.

Cette épreuve m'a enseigné des leçons précieuses sur l'importance de l'amour-propre et de l'estime de soi. J'ai compris que je devais apprendre à m'aimer et à me respecter avant de pouvoir espérer trouver un amour véritable et épanouissant.

Une chanson d'Arthur H, *La Boxeuse amoureuse*, m'évoque mon histoire chaque fois que je l'entends ou la joue au piano :

(...)

Elle esquive les coups
La boxeuse amoureuse
Elle absorbe tout
La boxeuse amoureuse

"Boum-boum" les uppercuts qui percutent son visage
Mais jamais elle ne cesse de danser, de danser
Tomber ce n'est rien puisqu'elle se relève
Un sourire sur les lèvres
Un sourire sur les lèvres

(...)

III
DÉPASSER MES TRAUMATISMES

La lutte contre le stress post-traumatique, trouble psychologique résultant d'événements traumatisants, a été une bataille longue et difficile, marquée par des hauts et des bas. Avant de rencontrer Carel, je me sentais souvent seule, mes liens avec ma famille et mes amies d'enfance s'étant distendus au fil du temps. Mais le plus douloureux était ce mal invisible qui me rongeait de l'intérieur. Ce stress post-traumatique, dont j'ai souffert de longues années, se manifestait de maintes manières. Insomnies, cauchemars, flash-back, pensées lancinantes revenant en boucle, sentiment de honte, impression d'être observée par lui, sentiment de peur lié à une hypervigilance… : tel était mon lot quotidien. J'étais sans cesse rappelée à mon passé que je tentais désespérément d'oublier.

Malgré mes efforts pour affronter ma douleur, il m'arrivait souvent de me sentir submergée par la peur et l'anxiété. Un bruit trop fort, une actualité, une scène un peu violente dans un film, ou une situation qui, de près ou de loin, pouvait me rappeler sa personne, suffisait à raviver le stress intense qui, par le passé, m'avait habitée. Je suis devenue timide, renfermée, craintive. Longtemps, j'ai demandé à Carel de se relever le soir pour vérifier que la porte d'entrée était bien fermée à clé. Pendant mes études d'infirmière, des formateurs ont proposé un jeu de rôles destiné à nous apprendre à gérer un patient violent. Le formateur jouant le patient a crié, tapé du poing sur la table, insulté le formateur soignant. Devant cette scène, je me suis retrouvée tétanisée, au bord des larmes, et le lendemain, je me sentais toujours très mal. Ma réaction m'a sidérée car le temps avait coulé et je pensais aller mieux… Heureusement, avec le soutien de Carel et l'aide d'une professionnelle de la santé, j'ai pu trouver ma voie vers la reconstruction.

Chaque petit progrès, chaque pas vers la guérison, était une victoire sur mes failles intérieures. Bien que les cicatrices du passé ne disparaissent jamais complètement, j'ai trouvé la force de poursuivre ma quête de délivrance.

J'ai consulté une première psychologue, empathique, attentive à mon bien-être, mais je n'ai pas reçu d'elle le réconfort que je recherchais. J'ai alors consulté une autre thérapeute, qui a profondément marqué ma vie. Elle a su trouver les mots justes pour me rassurer dès notre première rencontre. Sa réponse pleine d'humour à mes paroles de désespoir fut un premier pas vers la compréhension de ma situation. Au fil de la séance, je lui ai dit que j'attendais d'elle un échange, plus qu'une simple écoute ; elle a su répondre à mes attentes, en m'offrant des conseils francs et avisés et des discussions enrichissantes, qui m'ont permis de mieux comprendre ma situation et de progresser vers ma guérison. Enfin, elle a entrepris des séances de relaxation afin de m'aider à lâcher prise et à me détendre. Ses conseils de lecture, notamment le livre de Viktor Frankl, *Découvrir un sens à sa vie*, m'ont ouvert de nouvelles perspectives sur le sens de ma vie et sur les choix que j'avais faits. J'ai réalisé auprès d'elle l'importance de déceler le sens profond de chaque aspect de son existence, même des moments les plus sombres. J'ajoute que ses séances de relaxation ont été une bouffée d'air frais dans ma quête de bien-être.

Après avoir longtemps résisté à l'idée de prendre des médicaments, par fierté ou crainte du jugement, j'ai finalement accepté, il y a deux ans, d'explorer cette option. Les antidépresseurs ont atténué mes angoisses, en particulier celles qui surgissent la nuit, et m'ont aidée à retrouver un semblant de tranquillité intérieure. Je suis consciente que parler ouvertement de sa santé mentale reste un tabou dans notre société. Pourtant, je suis convaincue de l'importance de briser ce silence et c'est pour cette raison que je partage mon expérience. Accepter de se faire aider n'est pas un signe de faiblesse, mais au contraire, un acte de courage. Je suis reconnaissante envers ceux qui m'ont soutenue dans ma lutte contre le stress post-traumatique, et je suis déterminée à continuer à avancer, pas après pas.

IV

L'AMOUR,
UNE SI DOUCE CONSOLATION

En 2009, alors que j'avais vingt-deux ans, j'ai rencontré une amie au travail, qui a joué un rôle important dans ma vie à cette époque. Un soir, elle m'a invitée à rejoindre ses amis au bar de son village. C'était l'occasion de sortir de ma routine solitaire, et malgré mes appréhensions, j'ai accepté. Je n'avais rien de prévu ce soir-là, et un peu de compagnie ne pouvait pas me faire de mal. Cette soirée allait marquer le début d'un nouveau chapitre dans ma vie. C'est ce soir-là que j'ai fait la rencontre de Carel, l'homme de ma vie. Nous avons passé la soirée à discuter, à nous découvrir, et même à échanger quelques baisers. Puis soudain, une vague d'incertitude m'a submergée. Je n'étais pas prête pour une relation, pour m'engager à nouveau. Je préfé-rais rester seule, protéger ma solitude comme un rempart contre les craintes qui m'assaillaient encore : je n'avais pas confiance dans les hommes et j'avais peur de faire de nouveau un mauvais choix ou d'être abandonnée. Lorsqu'il m'a demandé mon numéro de téléphone, j'ai esquivé d'un sourire, lui faisant comprendre que je préférais être celle qui le rappellerait. Ce n'était pas une fin de non-recevoir mais plutôt un besoin de prendre du recul, de décider par moi-même si je voulais franchir le pas.

Trois mois se sont écoulés avant que nos chemins ne se croisent à nouveau. Pendant cet intervalle, j'ai longuement réfléchi, pesé le pour et le contre, scruté mes sentiments les plus profonds. Finalement, un soir, je me suis décidée à lui envoyer un message, qui allait changer le cours de ma vie. Il a répondu presque aussitôt, et s'est montré compréhensif et respectueux de ma démarche. Il m'a rejoint chez moi. Je louais alors un appartement confortable au centre-ville. Dès cet instant, nous avons commencé à tisser les premiers fils de notre histoire. De ce jour, nous ne nous sommes plus quittés. Nous sommes depuis liés par une complicité et une compréhension mutuelle qui ont réussi à apaiser mes tourments intérieurs et m'ont offert un nouveau souffle d'espoir. Cette rencontre fut un tournant dans ma vie. Elle a marqué le début d'une nouvelle aventure où l'amour et la confiance allaient peu à peu prendre racine dans mon cœur, me guidant sur le chemin de la guérison et de la résilience.

Les premiers temps, les contours de notre relation étaient définis avec clarté. Nous nous retrouvions de temps à autre le week-end pour apprendre à nous connaître et profiter de bons moments ensemble, sans pression ni engagement. À ce stade, je refusais catégoriquement de faire des compromis avec un partenaire. Je n'avais ni l'énergie physique ni la stabilité émotionnelle nécessaire pour cela. À l'époque, Carel, âgé de vingt-neuf ans, menait une existence bien différente de la mienne. Issu d'une famille stable, il avait déjà tracé son chemin de vie, contrairement à moi. Gentil, respectueux, il possédait aussi une grande clarté d'esprit quant à ses objectifs. À son contact, j'ai compris que j'avais le droit d'accepter dans ma vie la présence de personnes dignes de confiance. J'ai compris que j'étais seule maîtresse de mon destin, libre de choisir la personne avec qui je souhaitais partager mon existence.

Au fil du temps, notre relation s'est transformée en amour. J'ai compris que Carel était un homme sérieux et fiable, sur lequel je pouvais compter en toutes circonstances. Il apaisait mes angoisses nocturnes sans jamais juger, ce qui renforçait encore notre lien. J'ai eu le privilège de rencontrer sa sœur et son beau-frère, qui sont désormais des membres à part entière de ma famille. Leur présence fut une véritable source d'inspiration pour moi, à une époque où je n'avais pas de modèle de vie de famille. Je préfère ne pas m'étendre sur leur vie privée pour préserver leur intimité, mais je voudrais ajouter que je n'ai jamais trouvé les mots pour leur dire à quel point je les apprécie et les aime.

Notre famille s'est agrandie. Je suis la fière maman de deux merveilleuses filles, Louane et Ninon, âgées respectivement de douze et sept ans. Avec leur papa, Carel, nous formons un foyer uni et complice, où nous partageons ensemble les petits bonheurs du quotidien et surmontons les défis qui se présentent à nous.

Mes filles et Carel sont des piliers essentiels de ma vie. Leur présence et leur soutien ont façonné mon parcours de manière significative. Je tiens à évoquer mes filles dans ces pages, car elles ont joué un rôle crucial et déterminant dans mon histoire. Nous les aimons et les chérissons chaque jour davantage. Je suis une mère poule, dévouée et protectrice. Pour nous quatre, notre famille est ce qu'il y a de plus important, l'amour que nous éprouvons Carel et moi pour nos enfants est indicible. Nous cherchons à leur transmettre nos valeurs familiales, ainsi que le sens du travail et de la vie. Nous les accompagnons à chaque étape de leur croissance, dans les moments de bonheur comme dans les épreuves ; nous les soutenons dans les difficultés et partageons leurs joies et leurs peines. Je ne prétends pas être la meilleure des mères, mais je crois sincèrement que nous sommes de bons parents pour nos enfants. Nous leur offrons un amour inconditionnel et leur transmettons notre vision de la vie. Leur bien-être et leur épanouissement sont ma priorité absolue, et je suis prête à tout pour les voir grandir dans un environnement sain et aimant. Ayant moi-même connu les défis de la vie, je veux leur offrir tout ce qui m'a manqué.

Nous sommes en 2025 aujourd'hui. Voici plus de quinze ans maintenant que nous sommes en couple, et nous avons élu domicile dans une charmante petite ville en Normandie.

Notre jolie maison est bien plus qu'un simple lieu de résidence. Elle est le symbole de nos efforts et de nos rêves pour nous construire une vie meilleure, pour nous-mêmes et pour nos enfants. Son achat représentait un engagement financier considérable, mais nous étions prêts à relever le défi. Grâce à un travail acharné et sans crainte des sacrifices, nous avons pu concrétiser ce projet. C'était un engagement envers nous-mêmes et envers notre avenir, pour nous permettre de nous épanouir et grandir ensemble. Nous avons entrepris quelques travaux de rénovation pour aménager notre maison selon nos goûts, avec l'aide précieuse de mon cher père, qui était encore parmi nous à cette époque. Dans un rare moment de lucidité et de sobriété, il nous a apporté son appui précieux. Il m'a appris les rudiments du tapissage, un souvenir que je chéris. Grâce à lui, nous avons pu aménager notre maison comme bon nous semblait, accrocher quelques tableaux aux murs et lui donner cette touche personnelle qui la rend unique. Nous avons vécu une période de collaboration et de partage, où nous avons mis nos compétences et notre créativité à contribution pour transformer chaque pièce en un espace de vie confortable.

La maison est idéalement située, à proximité de l'école où nos filles poursuivent leur éducation. Nous pouvons les accompagner facilement le matin et les retrouver en fin de journée pour discuter des moments forts de leur journée scolaire. Les balades à pied en compagnie de notre fidèle compagnon à quatre pattes, Ulysse, font désormais partie de notre quotidien. Au cours de longues promenades, Carel explore les environs et profite de la nature environnante. C'est un marcheur invétéré, et il apprécie particulièrement ces moments de détente en plein air, où il peut goûter au calme de la nature.

Au fil du temps, la musique est devenue un élément central dans notre foyer. Elle occupe une place importante. Nourri d'une riche culture musicale, Carel a toujours apprécié les mélodies intemporelles. J'ai eu le plaisir de lui offrir un tourne-disque, et ensemble, nous aimons nous plonger dans un univers musical qui traverse les époques, mêlant harmonieusement morceaux anciens et compositions modernes. Son amour pour la musique ne se limite pas à l'écoute, car il trouve également une grande joie à partager ses connaissances avec nos filles. Leur curiosité insatiable les pousse à explorer tous les genres musicaux, et elles sont ouvertes à toutes sortes de découvertes sonores. La musique est devenue un trait d'union au sein de notre famille. Nous pratiquons toutes les trois le piano, une activité qui renforce notre complicité et nourrit notre amour pour la créativité. Nous aimons nous retrouver régulièrement pour chanter et danser ensemble, laissant la musique nous emporter dans un tourbillon de joie et de complicité. Ces moments de musique partagée sont précieux, ils contribuent à créer des souvenirs inoubliables et ils renforcent nos liens.

Je souhaite que mes filles gardent des souvenirs de leur enfance, qu'ils soient empreints de bonheur ou teintés de tristesse. Les souvenirs me manquent, et je m'efforce de les retrouver. Cependant, j'ai conscience que l'esprit a ses propres mécanismes de protection, et il se peut que certains de mes souvenirs aient été enfouis pour préserver mon bien-être et ma santé mentale, comme l'a souligné la psychologue qui m'a accompagnée. Une question se pose alors : que faire des souvenirs enfouis ? Vais-je les laisser reposer dans l'oubli, comme un moyen de préserver ma stabilité émotionnelle ? Vais-je les retrouver et les utiliser pour avancer, pour guérir ? C'est une réflexion à laquelle je suis confrontée. Elle m'invite à plonger au plus profond de moi, à explorer les méandres de mon passé pour mieux saisir le présent et envisager l'avenir avec sérénité. À travers cette introspection, je comprends que chaque souvenir de mon passé, aussi douloureux soit-il, est une pierre angulaire de mon parcours de vie, et une partie intégrante de ma personnalité.

Comme dans tous les couples qui s'aiment, il arrive parfois que nous ayons des disputes. Les moments de désaccord sont inévitables et font partie de la vie à deux. Nos accrochages ont été des occasions d'apprentissage qui m'ont permis de mieux le comprendre. Je reconnais volontiers mon tempérament affirmé et mon attachement à l'organisation, ainsi que ma tendance à vouloir faire valoir mes opinions. Malgré mes efforts pour être conciliante, je suis consciente que mon vécu personnel influence ma manière d'agir, ce qui peut parfois compliquer notre relation. Cependant, je sais aussi l'amour que nous partageons, et je ressens un profond attachement mutuel. J'espère sincèrement que cet amour perdurera pour toujours, car je ne peux imaginer ma vie sans lui à mes côtés.

V

MON TRAVAIL,
UNE SOURCE DE FIERTÉ

Mon métier m'a permis de trouver un équilibre entre passion et engagement. Chaque jour, je m'épanouis, tout en continuant à apprendre et à grandir dans mon propre cheminement professionnel. Cela n'a pas toujours été facile, mais depuis mes quinze ans, j'ai compris que le travail était la clé de mon autonomie et de mon indépendance. Dans tous les aspects de ma vie, je suis rigoureuse et engagée. Une fois que je me suis fixé un objectif, je m'y tiens. Ma persévérance et ma détermination m'ont permis de surmonter des obstacles colossaux et de tracer mon propre chemin.

Au collège, mes résultats étaient dans la moyenne, je n'excellais pas. Je n'ai jamais développé de méthodes de travail efficaces, ni réellement pris conscience de l'importance des études. Mes pensées étaient alors souvent tournées vers mes amis et vers les moyens de m'évader de ma réalité. J'avais des camarades de mon âge, mais nos centres d'intérêt divergeaient souvent. Physiquement, je paraissais plus mûre que mes pairs, ce qui facilitait mon amitié avec des personnes plus âgées. Auprès d'elles, j'ai commencé à fumer, une habitude devenue dépendance, pendant plusieurs années. Dans ces circonstances, je n'ai pas été étonnée de ne pas obtenir mon brevet des collèges.

À l'âge de quinze ans, alors que je me sentais perdue dans ma vie, j'ai eu la chance d'être acceptée dans un lycée professionnel. J'étais très contente, mais ce changement n'a pas suffi à me tirer de ma solitude et de ma tristesse. J'ai fréquenté des personnes peu recommandables. Je ne savais comment m'en sortir. Ma famille, débordée par les problèmes émotionnels et financiers, ne semblait pas percevoir ma détresse, ou peut-être ne voulait-elle pas la voir. Je ne voulais pas être un fardeau supplémentaire pour mes proches. J'ai vécu chez mon petit ami plus âgé que moi, ce qui évitait à mes parents de payer l'internat. Ma situation financière était précaire, et je dépensais la majeure partie de mon argent dans des cigarettes, sacrifiant même parfois mes repas. Heureusement, nous avions accès à des bons alimentaires pour subvenir à nos besoins essentiels. À cette période, j'ai compris au fond de moi que si je voulais m'en sortir, il fallait que je devienne matériellement indépendante. Ainsi, malgré le chaos de ma vie, je me suis appliquée à travailler dur pour obtenir mon diplôme.

En 2004, à dix-sept ans, j'ai décroché mon BEP Carrières Sanitaires et Sociales. C'était un premier pas vers un avenir meilleur, et une étape cruciale dans mon parcours. Mon premier stage auprès de personnes âgées fut une expérience décisive pour la suite. Grâce à un très bon rapport de stage, la directrice m'a proposé de travailler comme faisant fonction d'aide-soignante pendant mes vacances scolaires : ce fut ma première expérience professionnelle rémunérée. Cette opportunité m'a remplie de fierté. J'ai pris conscience de ma capacité à réussir. De plus, j'ai été chaleureusement accueillie par la chef du service, qui s'est révélée être une source inestimable de conseils précieux. Je lui suis reconnaissante pour son soutien continu et son accompagnement bienveillant. Aujourd'hui encore, je suis en contact avec elle, et je lui voue un profond respect pour tout ce qu'elle a fait pour moi.

Après l'obtention de mon diplôme, j'ai pensé

à intégrer un bac professionnel. Cependant, vu la situation financière, je n'aurais pas pu subvenir à mes besoins, alors j'ai décidé de poursuivre mon travail en maison de retraite. Cette décision s'est avérée fructueuse, car elle m'a permis d'économiser suffisamment pour passer mon permis de conduire, que j'ai obtenu la semaine de mes dix-huit ans. Avec grande satisfaction, j'ai pu acheter ma toute première voiture : une Peugeot 106 noire, surnommée « Carte Noire », qui était en excellent état. J'ai développé un attachement particulier à cette voiture que j'ai chérie pendant cinq belles années.

Après avoir réussi mon concours d'entrée à l'école d'aide-soignante, j'ai été confrontée à un obstacle majeur : l'école était payante et mes demandes d'aide financière ont été refusées. Ma demande de prêt étudiant a été rejetée car mes parents, en situation de surendettement, n'étaient pas en mesure de se porter garants. En outre, je ne pouvais pas faire valoir mes droits au chômage, car il me manquait six jours de travail pour y prétendre. Malgré mes difficultés, les assistantes sociales n'avaient aucune solution financière à me proposer. Dans cette impasse, j'ai dû constituer un dossier auprès de la DASS (Direction de l'Action Sociale et de la Santé), qui m'a permis de conserver le bénéfice de mon concours. J'ai travaillé pendant une année supplémentaire avant d'intégrer l'école. J'ai repris mon travail en maison de retraite. La directrice, qui m'aimait beaucoup, a prolongé mon contrat jusqu'à son départ à la retraite. Malheureusement, dès qu'elle est partie, la nouvelle direction s'est séparée de moi. Pour rebondir, j'ai décidé de postuler auprès du CCAS (Centre Communal d'Action Sociale) pour un poste d'intervenante à domicile auprès des personnes âgées, consistant à offrir des services tels que le ménage et l'aide aux gestes de la vie quotidienne comme la toilette, les repas et les courses. Lors de l'entretien, j'ai été transparente sur mon objectif : travailler pendant un an afin de pouvoir reprendre mes études d'aide-soignante. Par chance, mon profil a intéressé l'équipe, qui m'a proposé un contrat jusqu'à la reprise de mes études. Cette opportunité correspondait parfaitement à mes besoins et à mes aspirations, et j'étais très heureuse d'avoir trouvé un nouveau chemin vers la réalisation de mes objectifs professionnels.

Mon travail au CCAS s'est déroulé sans encombre et j'ai pu reprendre mes études comme prévu en 2006. Par chance, une réforme est intervenue cette année-là, qui m'a permis de bénéficier d'un financement du Conseil régional en plus de mes droits au chômage. Cette opportunité inattendue a considérablement allégé le fardeau financier qui pesait sur mes épaules. J'ai pu me concentrer pleinement sur mes études sans avoir à m'inquiéter de ma situation matérielle. C'était un soulagement bienvenu et un coup de pouce précieux sur mon chemin vers la réussite professionnelle.

Mes études se sont déroulées avec succès grâce à mon travail assidu. J'ai obtenu de bons résultats académiques et reçu d'excellentes appréciations lors de mes stages. J'ai mis tout mon cœur dans mon apprentissage et j'ai été récompensée par des performances solides et des retours positifs de la part de mes formateurs et des professionnels rencontrés sur le terrain. Ces expériences enrichissantes ont renforcé ma volonté de poursuivre dans cette voie et m'ont encouragée à donner le meilleur de moi-même dans chaque aspect de ma formation.

En 2007, à vingt ans, j'ai obtenu mon diplôme d'aide-soignante. J'ai commencé ma carrière dans un hôpital où je suis restée six ans. J'ai d'abord intégré un service d'hospitalisation à domicile, une expérience riche en enseignements. J'ai participé à l'ouverture et à l'organisation de ce service, contribuant ainsi à sa mise en place. Ces années passées dans ce milieu ont renforcé ma passion pour mon métier et ont été marquées par de précieuses rencontres et des apprentissages significatifs.

Malgré les défis personnels que je traversais, je me suis accrochée à mon travail avec détermination. En m'engageant auprès de patients en fin de vie, j'ai trouvé un refuge où je pouvais mettre en pratique ma compassion et mon empathie. Chaque jour, je me rendais au travail avec pour objectif principal d'apporter un peu de réconfort et d'humanité aux malades confrontés à la fin de leur vie. Leurs histoires et leur force m'ont inspirée et m'ont aidée à trouver un sens à ma propre existence.

En 2013, à l'âge de vingt-six ans, j'ai pris une décision audacieuse : reprendre mes études pour devenir infirmière. C'était un moment de transition majeur dans ma vie, alors que ma fille aînée, Louane, avait un an et demi. Les trois années qui ont suivi ont été de véritables montagnes russes émotionnelles, riches en rencontres et en défis. Reprendre les études tout en jonglant avec les responsabilités du foyer fut l'un des plus grands challenges de ma vie. Je savais que je n'avais pas le droit à l'erreur, que de chaque examen, de chaque stage dépendait mon avenir professionnel.

Heureusement, je n'étais pas seule dans

cette aventure. Carel, mon conjoint, fut un soutien inestimable tout au long de ce parcours. Il a pris en charge les tâches quotidiennes à la maison, veillant à ce que notre foyer reste un havre de paix et de stabilité pendant que je me consacrais à mes études, et à ma fille chaque fois que le temps me le permettait. Sans son soutien indéfectible, rien de tout cela n'aurait été possible. Il a été mon pilier, m'encourageant à persévérer même lorsque les défis semblaient insurmontables. Sa présence m'a donné la force et la détermination nécessaires pour aller au bout de mes rêves.

Pendant mes études en soins infirmiers, j'ai eu la chance de faire de belles rencontres. Nous partagions nos réussites et nos échecs, créant ainsi des liens forts au sein de notre groupe. Ce fut une aventure humainement enrichissante. Nous nous soutenions mutuellement et nous avons grandi ensemble en tant que professionnels de la santé. Certaines amitiés nouées pendant cette période n'ont, hélas, pas perduré, mais j'ai maintenant la sagesse d'accepter que ces ruptures fassent partie du cours naturel de la vie. Ces amitiés éphémères restent pour moi de précieux souvenirs, des moments de connexion et de camaraderie que je chéris et que je suis reconnaissante d'avoir vécus.

En 2016, à l'âge de vingt-neuf ans, j'ai obtenu mon diplôme d'État d'infirmière. J'ai ressenti une fierté immense. Enfin, mes années de travail acharné et de sacrifices étaient récompensées ! C'était la preuve que rien n'est impossible. Qui aurait pensé que je pourrais relever ce défi ? Par le passé, peu de personnes auraient cru en ma réussite.

Après une riche expérience en tant qu'infirmière, explorant diverses spécialités telles que la cardiologie, les consultations externes en pneumologie, urologie et neurologie, et me spécialisant en éducation thérapeutique, j'ai aussi découvert l'aventure de l'exercice libéral, pendant un an et demi.

L'un des défis les plus exigeants de ma carrière a été celui imposé par la pandémie de COVID-19. Plongée au cœur de l'action, j'ai été témoin de la détresse et de la vulnérabilité des patients confrontés à cette maladie. Contracter le virus à trois reprises en travaillant en tant qu'infirmière a été particulièrement difficile à vivre, et j'ai dû faire face à mes propres limites physiques et mentales. J'ai dû puiser dans mes ressources intérieures et, ce faisant, j'ai découvert une force insoupçonnée en moi. Cette expérience unique a renforcé ma conviction quant à l'importance des mesures de prévention et à la nécessité d'une solidarité collective pour faire face à cette crise sanitaire.

Ainsi, chaque étape de ma carrière a été jalonnée de défis, d'apprentissages et de moments de croissance personnelle. Ces expériences ont forgé la personne et le professionnel que je suis aujourd'hui, et je suis reconnaissante pour chaque opportunité qui s'est présentée à moi, même lorsqu'elle était accompagnée de difficultés.

Après avoir encore progressé dans ma carrière, j'ai décidé, en 2023, à trente-cinq ans, de relever un nouveau défi : je suis devenue formatrice à l'IFSI/IFAS, l'Institut de Formation en Soins Infirmiers et en Formation d'Aides-Soignants de l'établissement où j'avais moi-même étudié pour devenir aide-soignante puis infirmière. Transmettre mes connaissances et mon expérience à la nouvelle génération d'étudiants dans le domaine des soins de santé est pour moi un privilège et une source de fierté. En tant que référente des élèves aides-soignants, j'apprécie particulièrement de pouvoir accompagner les apprenants dans leur parcours de formation. Connaissant intimement ce métier, je peux les guider avec empathie et expertise, les aider à surmonter les obstacles et les amener à développer les compétences nécessaires pour réussir dans leur future carrière. Mon activité de formatrice est une source d'épanouissement quotidien pour moi, et je trouve une grande satisfaction dans le fait de contribuer activement à la formation et au développement des futurs professionnels de la santé.

Malgré ma réussite, je ressens un besoin constant d'évoluer dans ma carrière. Je me questionne sur ma prochaine étape professionnelle et envisage même la possibilité de reprendre mes études à l'âge de quarante ans. L'idée de continuer à me former et à me perfectionner suscite en moi un désir ardent de relever de nouveaux défis et d'explorer de nouvelles perspectives.

Je sais que mon parcours professionnel a été influencé par mon enfance, par le manque d'opportunités d'études et les défis personnels que j'ai dû affronter. Cependant, je refuse de laisser mon passé dicter mon avenir. Au contraire, j'entends poursuivre ma quête de croissance, personnelle et professionnelle, impatiente de découvrir ce que l'avenir me réserve.

VI
AU REVOIR, PAPA

Un nouveau chapitre de ma vie s'est ouvert, marqué par le poids des responsabilités familiales et le chagrin de la perte. J'avais trente-six ans lorsque la tragédie a frappé : le 29 décembre 2023, à l'âge de soixante-six ans, mon père soudainement s'en est allé.

Mon père était un homme bien, intelligent, et de nature réservée. Tourmenté par ses démons intérieurs, il portait en silence une souffrance que nous ne comprenions pas. Il semblait triste, plongé dans ses mots croisés, un verre de pastis à la main, la fumée de sa cigarette flottant dans l'air. Il était alcoolique. Je l'ai toujours connu ainsi, sauf pendant une courte période. En effet, il a fait preuve d'un courage admirable à un moment de sa vie, qui correspond aux meilleurs souvenirs que j'ai de lui. Il a choisi l'abstinence. Il a arrêté seul, sans aide extérieure, comptant sur sa seule volonté. Ce déclic reste un mystère pour nous tous. Après des années d'alcoolisme intense, il a décidé de mettre fin à cette spirale destructrice. Pour la première fois, j'ai ressenti une véritable connexion avec lui, une occasion de renouer un lien familial authentique, basé sur la sobriété. Cette période a amorcé une nouvelle dynamique dans notre relation, où l'amour et la compréhension ont pu remplacer les ravages de l'alcoolisme. Et, alors que les ombres de notre passé familial continuent de planer dans ma mémoire, ce moment de clarté reste gravé comme un symbole de réconciliation.

Malheureusement, cette période de rédemption fut brève. Après environ deux ans d'abstinence, mon père a renoué avec ses démons.

Sa santé fragile, liée à son alcoolisme et son tabagisme actif, l'a conduit inexorablement vers sa fin. Les dernières semaines de sa vie furent marquées par une altération de son état général, et malgré l'intervention du médecin traitant, que je n'ai cessé d'appeler, son départ est devenu inévitable. C'est avec une profonde tristesse que j'ai compris que mon père, épuisé par les épreuves de la vie, avait choisi son destin. Un jour, ma mère m'a contactée car sous l'effet de l'alcool, il faisait des chutes à répétition. Il avait perdu du poids et vomissait ce qu'il mangeait. Je lui ai dit qu'il allait finir par mourir. Il m'a répondu que ce serait mieux ainsi.

Les circonstances entourant sa mort ont été un choc. Le 27 décembre 2023, alors que mes parents célébraient Noël chez mon frère, mon père a fait un arrêt cardiaque, plongeant toute la famille dans une tourmente émotionnelle. Son cœur a été relancé, mais il était trop tard, et à son arrivée à l'hôpital, il était en état de mort cérébrale.

C'était la première fois depuis de nombreuses années que mes parents ne passaient pas les fêtes chez moi. Un choix qui nous avait fait un pincement au cœur, à mes enfants et à moi.

Pendant trois jours intenses, mes frères, ma petite sœur, ma mère et moi nous sommes relayés au chevet de mon père, l'entourant de notre amour et de notre présence. Malgré la douleur qui nous étreignait, nous étions unis dans notre désir de lui offrir le plus grand réconfort possible. Nous avons bénéficié du soutien de ses frères et sœurs, qui ont partagé notre fardeau émotionnel et nous ont apporté leur aide précieuse dans ces moments difficiles.

L'une de mes sœurs n'a pas pu nous rejoindre

en raison de problèmes de santé. Nous avions perdu le contact depuis plusieurs années, mais j'ai pris sur moi de l'informer de l'évolution de la santé de notre père. Malgré nos différends passés, je trouvais important de lui faire part de la situation et de lui offrir la possibilité de dire au revoir à notre père. C'était une démarche difficile pour moi, mais nécessaire, guidée par un profond désir d'unité familiale et de respect pour nos liens de parenté.

Mon rôle de personne de confiance désignée par ma mère m'a conduit à prendre la difficile décision de mettre fin aux soins de mon père le 29 décembre 2023. Il n'aurait pas souhaité d'obstination déraisonnable.

Durant trois jours, nous l'avions accompagné, respectant ses convictions et son intégrité physique, tandis que le personnel médical nous a soutenus avec compassion et bienveillance. Je les remercie pour leur professionnalisme.

Pendant ces trois jours très intenses, nous avons fait des allers-retours pour rendre visite à nos filles, qui étaient prises en charge par ma belle-sœur. Nous jugions important de les accompagner dans leur deuil et leur expliquer progressivement la réalité de la situation : leur papi ne reviendrait plus. Malgré notre chagrin, nous tenions à rester présents pour nos filles, et à leur offrir tout le réconfort et le soutien dont elles avaient besoin pour traverser cette épreuve.

Louane n'a pas immédiatement saisi la gravité de la situation. Au départ, elle l'a même plutôt bien vécue, montrant une forme de déni. La réalité de la perte de son grand-père a commencé à se faire sentir le jour des funérailles. Malgré cela, elle est restée extrêmement courageuse, ce qui me remplit de fierté à son égard. Son attitude face à cette épreuve témoigne de sa maturité, de sa force intérieure et de sa capacité à faire face aux défis. Son plus grand regret réside dans le fait de ne pas avoir partagé son dernier Noël. Ce sentiment de manque et de nostalgie s'est insinué dans son cœur. C'est un sentiment complexe, mêlé de tristesse et de regret, qui l'accompagne dans son cheminement à travers le deuil.

L'annonce de la perte imminente de son grand-père a été extrêmement difficile pour Ninon, malgré mes efforts pour adapter mes explications à son jeune âge. Avec son papa, nous avons vu dans son regard une profonde douleur, indescriptible et déchirante, lorsqu'elle a compris que son papi ne reviendrait plus. À son âge, la mort est un concept abstrait et peut susciter une grande peur. Elle m'a confié qu'elle regrettait de ne pas avoir pu lui dire au revoir. Alors, juste avant notre départ pour retourner auprès de mon père, elle a décidé de lui faire un joli dessin. Je lui ai ensuite proposé de lui dire au revoir, par téléphone. Elle a accepté avec émotion et a pu lui dire « Je t'aime » une dernière fois. J'ai accompagné ma fille dans cette démarche, et ma tante, présente sur place, a pu placer le téléphone à côté de mon père. Cette expérience a été très forte pour nous tous et a aidé ma fille à se sentir utile dans ce pénible moment.

Je ne peux qu'imaginer à quel point la situation a dû être difficile pour la femme et les enfants de mon frère chez qui mon père se trouvait le jour où son cœur a cessé de battre. J'aurais aimé être plus présente pour les soutenir, mais les circonstances ne m'ont pas permis d'être là comme je l'aurais souhaité. C'est l'un de mes plus grands regrets. Cet événement m'a rappelé avec force que les relations humaines sont des liens complexes et réciproques, où le soutien et l'empathie doivent aller dans les deux sens pour être pleinement efficaces.

Même dans cette épreuve, les tensions familiales n'ont pas tardé à ressurgir. Certains proches ont eu des comportements révélateurs de leurs propres failles, et leur manque de soutien et de maturité m'a laissée désemparée. Le soir même du décès, nous étions chez mon frère car nous devions être près de ma mère pour les formalités administratives liées au rapatriement du corps à proximité de chez elle. Malheureusement, pour étouffer leur douleur et leur chagrin, certains ont cherché refuge dans l'alcool. La nuit s'est transformée en cauchemar. J'ai tenté de leur demander d'aller se coucher pour que ma mère et moi puissions dormir un peu, en vain. Des membres de ma famille ont eu des comportements autodestructeurs, ce qui a renforcé mon sentiment de responsabilité envers ma mère.

Rien ne pouvait justifier le manque de respect et de soutien dont ils ont fait preuve cette nuit-là. Ils étaient plongés dans leurs tourments personnels, et incapables de se comporter dignement. Ma mère, débordée par le chagrin, a fini par se retrouver en larmes dans mon lit. L'alcool les avait rendus insensibles à la douleur des autres. Leur attitude égoïste et irrespectueuse a atteint son apogée lorsque, à trois heures du matin, l'un d'eux m'a sèchement ordonné de partir si je n'étais pas satisfaite de la situation.

Cette nuit fut pour moi un véritable calvaire, une épreuve insupportable que je ne pourrai jamais oublier. Leur manque de considération envers ma peine et celle de ma mère est une blessure qui restera à jamais ouverte et indélébile dans mon cœur.

Le décès de mon père a mis en lumière les tensions au sein de ma famille et scellé la fin de nos relations. Longtemps retardée, cette rupture douloureuse était nécessaire. Malgré mon chagrin, j'ai trouvé la force d'accompagner ma mère et mes enfants dans leur douleur et dans le deuil de leur époux et grand-père. Avec le soutien de mon compagnon, nous avons pris en charge l'organisation des funérailles et les démarches administratives. Seule ma sœur cadette a été présente pour nous.

En préparant les funérailles, j'ai ressenti le besoin de choisir une chanson reflétant l'âme de mon père, une chanson qui pourrait tenir lieu de dernier hommage, empreint de tendresse et de nostalgie. J'ai beaucoup réfléchi, et à force de chercher j'ai fini par trouver : j'ai choisi *Oh toi mon père*, de Nicolas Ciccone. Ses paroles résonnaient avec une poignante vérité et traduisaient les sentiments que j'associais à mon père bien-aimé. À travers cette chanson, je savais que je pourrais lui dire adieu d'une manière personnelle. Elle deviendrait pour moi une mélodie qui continuerait à résonner longtemps après dans mon cœur :

(...)

Entends-tu mon cœur
Tu t'éloignes déjà
Et notre lien demeure
Et demeurera

Allez, vole, vole au loin
Loin de la vie qui nous fait rage
Délivre-toi de ces chagrins
Montre-lui toute ton audace
Allez, vole, vole plus haut
Jusqu'à ce que tu ne voies plus la terre
Et si parfois je me sens seul
Veille sur moi
Oh toi, mon père
Tu t'es tenu debout
Je suis fier de toi
Ne te sens pas coupable
De perdre ce qu'on a

Prends bien ton élan
Ne te retourne pas
Ouvre grand tes ailes
Et, lance-toi
(…)

La force et le courage de ma fille Louane ont été une source d'inspiration. En dépit de sa douleur, elle a trouvé la force de lire quelques mots lors des funérailles, symbolisant la résilience de ma famille.

Poème lu par Louane
Écrit par mon parrain que je remercie

Papi ne parlait pas beaucoup mais je voyais bien
qu'au bout de sa table, il nous regardait.
Papi ne parlait pas beaucoup mais je voyais bien
qu'au bout de sa table, il nous souriait.
Papi ne parlait pas beaucoup mais je voyais bien
qu'au bout de sa table, il était drôle.
Papi ne parlait pas beaucoup mais je voyais bien
qu'il nous aimait. Au bout de sa table.

Malheureusement, comme rien ne se passe jamais sans complication dans ma famille, un incident est venu assombrir cette journée. Ma sœur, en fauteuil roulant en raison de problèmes de santé, s'est cassé le bras entre l'église et le cimetière. Alors que nous accompagnions le cercueil sous la pluie battante, j'ai entendu des cris. Je me suis précipitée, et j'ai découvert ma sœur en larmes, le bras déformé, criant : « J'ai le bras cassé ! » Une tante se tenait au fauteuil roulant lorsqu'elle a glissé à cause de la pluie, entraînant le bras de ma sœur dans sa chute.

L'espace d'un instant, j'ai hésité entre m'occuper de ma sœur, que je n'avais pas vue depuis des années, et accompagner mon père jusqu'à la fin. Mon hésitation n'a pas duré : quelqu'un l'a prise en charge et les secours sont intervenus. Les sirènes de l'ambulance retentissaient alors que mon père descendait dans le caveau, symbole de la dualité poignante de cette journée, partagée entre la tristesse de la perte et les obligations de la vie quotidienne.

Entre la gestion des funérailles, les relations familiales complexes, et la nécessité de soutenir mes proches, ces premiers jours de deuil ont été éprouvants pour moi, et je crains d'éventuels contrecoups émotionnels à venir. Mais dans l'obscurité de la perte, je trouve l'élan et la détermination à poursuivre mon chemin, avec l'espoir que l'écriture puisse être une forme de catharsis et m'aide à surmonter les défis à venir.

Peu après ces événements, nous avons pris une décision qui allait apporter une nouvelle dose de joie et de vie dans notre foyer : celle d'adopter un Cavalier King-Charles. Notre chien arbore un pelage tricolore, un mélange harmonieux de noir et de blanc agrémenté de nuances de marron. Parfois, dans les moments de deuil et de transition, il arrive que des occasions importantes se présentent, et l'arrivée

de ce compagnon à quatre pattes en fut une
pour nous. Ce nouveau membre de la famille,
que nous avons nommé Ulysse, a rapidement
trouvé sa place dans notre quotidien. Avec son
énergie débordante et son affection incondition-
nelle, il a su réchauffer nos cœurs et combler
les vides laissés par nos chagrins. Ulysse n'est
pas seulement un animal de compagnie, mais
un véritable ami, un confident silencieux qui
nous accompagne dans nos joies et nos peines.
Sa présence réconfortante nous a aidés à traverser les moments difficiles et à célébrer les petits
bonheurs de la vie quotidienne. Son adoption a
marqué le début d'une nouvelle ère dans notre
foyer, où l'amour, la loyauté et la camaraderie
ont pris une place prépondérante. Grâce à lui,
nos journées s'égayent de jeux, de balades et de
moments de complicité, faisant de notre maison un foyer véritablement chaleureux. Ainsi,
même dans les périodes sombres de la vie, il y
a toujours une lueur d'espoir, une opportunité
de transformer le chagrin en amour, la perte en
renouveau. Et pour nous, l'arrivée d'Ulysse a
été le signe que la vie continuait, que de nouveaux horizons s'ouvraient devant nous.

Épilogue - Le chemin vers moi-même

Écrire cette autobiographie a été une forme de thérapie, une manière de tourner la page sur les événements importants de ma vie. Ce travail m'a aidée à clôturer certains pans de mon histoire et à mieux me comprendre.

Mon enfance a été traversée par une profonde solitude. J'ai souvent trouvé refuge dans ma chambre, cherchant des réponses à mes questions d'enfant. Chaque journée était une répétition de la précédente, et une tristesse incompréhensible pesait sur mes épaules. Mais cette solitude a aussi forgé ma force intérieure : elle m'a aidée à devenir indépendante, à ne compter que sur moi-même, ce qui a nourri ma résilience.

Mes premières expériences amoureuses étaient fondées sur les illusions et les fausses attentes. J'ai longtemps cherché à répondre aux attentes des autres, pensant que cette attitude m'apporterait l'amour dont j'avais besoin. Avec le temps, j'ai compris que derrière ce besoin d'aimer et d'être aimée se cachait une quête désespérée de validation. Les manipulations émotionnelles que j'ai subies m'ont plongée dans une grande confusion, mais m'ont aussi poussée à mieux comprendre mes propres besoins et à m'affirmer.

Après avoir traversé des années d'abus émotionnels et de relations toxiques, j'ai souffert de stress post-traumatique. Ce mal-être s'est manifesté par des cauchemars, une hypervigilance constante et une anxiété quotidienne. La guérison a été lente, le processus fut parfois douloureux, mais absolument nécessaire. C'est avec le soutien de ma famille et l'aide de la thérapie que j'ai commencé à trouver un chemin vers la guérison, mais il m'a fallu apprendre à être patiente avec moi-même.

La rencontre de Carel a constitué un tournant décisif dans ma vie. C'est avec lui que j'ai véritablement pu me reconstruire et retrouver un équilibre. Son calme, sa bienveillance et son soutien m'ont permis de me recentrer sur moi-même, de réapprendre à aimer la personne que je suis devenue après tant de batailles. Carel restera toujours une force intérieure pour moi, un pilier dans ma vie.

Ma carrière professionnelle n'a pas suivi un tracé prédéterminé, elle a été le fruit de découvertes et d'opportunités. Chaque environnement de travail m'a apporté de nouvelles compétences. J'ai dû naviguer dans des situations complexes, surmonter des défis constants, ce qui m'a permis de grandir. Aujourd'hui, je regarde avec fierté le chemin parcouru, tout en sachant que mon parcours est loin d'être terminé.

La perte de mon père fut l'un des moments douloureux de ma vie. Il m'a fallu du temps pour accepter qu'il ne reviendrait jamais. Ce deuil a changé ma perspective sur la vie. J'ai appris à mieux apprécier chaque instant, chaque moment partagé avec mes proches. Le départ de mon père m'a révélé la fragilité de la vie et donné encore l'envie d'en profiter pleinement.

Aujourd'hui, je suis encore en chemin, en quête de la « meilleure version de moi-même ». J'accueille chaque jour comme une opportunité d'apprendre, de grandir et de m'épanouir. J'ai compris que la vie est un processus de transformation constant. Chaque expérience, qu'elle soit heureuse ou douloureuse, façonne la personne que l'on devient. Mon chemin n'est pas terminé, et je suis prête à embrasser tout ce que l'avenir me réserve.

SOMMAIRE